뚜벅뚜벅 우리 역사

역사학자와 함께 떠나는
뚜벅뚜벅 우리 역사 | 구석기시대
　　　　　　　　　　　신석기시대 편

1판 1쇄 찍은날 2011년 10월 15일
1판 2쇄 펴낸날 2016년 9월 20일

글쓴이 · 임상택
그린이 · 이우창
펴낸이 · 김영진
펴낸곳 · 진인진
등록 · 25100-2005-000003
편집 · 위원석
디자인 · 골무
주소 · 경기도 과천시 별양동 1-14 과천 오피스텔 614호
전화 · 02-507-3077~8
팩스 · 02-507-3079
홈페이지 · www.zininzin.co.kr
이메일 · pub@zininzin.co.kr

ⓒ 진인진 2011
ISBN 978-89-6347-302-4 73900

저자와의 협약에 따라 인지를 생략합니다.
책값은 뒤표지에 있습니다.
잘못된 책은 구입하신 서점에서 바꾸어 드립니다.

뚜벅뚜벅 우리 역사

구석기시대 신석기시대 편

임상택 글 | 이우창 그림

진인진어린이

| 작가의 말 |

과거에서 온 미래인!

　사람은 태어나 각자 다채로운 삶을 살아가지만 결국 모두 언젠가는 자연으로 돌아가는 것이 이치입니다. 죽음 앞에서는 모두가 평등한 셈이지요. 처음부터 너무 무거운 이야기인가요? 무거운 이야기를 하려는 것은 아니니까 너무 걱정 마시길……. 이 책은 까마득히 먼 옛날부터 이 땅에서 살아온 사람들, 그중에서도 구석기시대와 신석기시대를 살았던 사람들에 대한 이야기를 해 보려는 것이랍니다. 사실 이런 이야기가 가능하려면 '죽음'이라는 게 반드시 있어야 하죠. 생각해 보세요. 우리보다 앞선 사람들이 태어나서 행복하게 때로는 고난 속에서 삶을 살아가면서 각자의 맡은 바 역할을 다 하고 자연으로 돌아갔기 때문에 지금의 우리가 있을 수 있는 것이죠. 그런 면에서 보면 '죽어야 산다'는 말이 나올 만도 하겠군요. 저와 같이 과거 사람들의 삶을 찾아가는 고고학자들은 우리보다 앞서 살았던 이분들에게 감사의 인사를 드려야 할지도 모르겠네요. 우리에게 할 일을 마련해 주셨으니까…….

　그런데 구석기시대나 신석기시대처럼 까마득히 먼 과거에 살았던 사람들의 발자취를 찾아가기 위해서는 상당한 인내심과 창의력이 필요합니다. 그들이 살았던 시대의 많은 자취들은 대부분 이미 사라져 버렸으니까요. 그러나 자신들을 이야기해 달라고 말하는 것처럼 작은 흔적들은 남겨 놓았으니 낙심할 필요는 없습니다. 여기에

호응하듯 고고학자들은 인내심과 창의력으로 무장한 채 그들의 이야기를 듣기 위해 무더운 여름이나 매서운 겨울 추위에도 발굴 현장에  서 동분서주하고 있답니다. 그 결과들이 모여 여러분들에게 이러한 책을 통해 선사시대 사람들의 삶을 말해 줄 수 있게 된 것이지요. 작은 책에 불과하지만 수많은 시간과 사람들의 노력이 녹아 있는 책이니 꼼꼼하게 읽고 잘 활용하는 것이 좋겠죠? 여러분들에게도 인내심과 창의력이 필요할지 모르겠습니다. 그러나 그 결과는 익히는 즐거움과 이 땅에 대한 사랑으로 돌아오겠죠?

구석기시대와 신석기시대 사람들이 주먹도끼나 빗살무늬토기와 같은 그들의 흔적, 즉 유적과 유물을 통해 우리에게 말하고 싶은 것은 무엇이었을까요? '우리도 너희와 똑같이 웃고 울고 떠들고 고민하면서 살았단다.' '우리는 자연과 호흡하며 더불어 살아왔단다.' '하루하루 열심히 살며 이 땅을 가꾸어왔단다.' 어떤 것일까요? 여러분들도 이 책을 읽으면서, 이 책을 들고 현장 체험을 하면서 한번 곰곰이 생각해 보시기 바랍니다. 정해진 답은 없습니다. 아마도 여러분들이 생각하는 그것이 정답일 것입니다. 그렇지만 한 가지 분명한 사실은, 그들은 오래전 이 땅에서 살았고 지금은 사라졌지만, 그들이 남긴 흔적을 통해 오늘의 우리들 앞에 다시 살아나고 있는 것이며, 여러분들에게 앞으로 이 땅을 어떻게 살아가야 할지 생각해 보라고 이야기하고 있다는 점입니다. 오래전 그들이 우리에게 이 땅을 소중하게 물려주었듯, 우리도 미래의 후손들에게 이 땅을 온전히 물려주어야 하겠죠? 앞으로의 삶을 가르쳐 주는 그들은 진정 '과거에서 온 미래인!'

2011년 10월 임상택

발로 찾는 역사가 진짜 역사야

❓ 체험 학습을 재미있고 유익하게 하는 방법

『뚜벅뚜벅 우리 역사』는 가족이 함께 가는 체험 학습을 위해 만들었습니다.
즐겁고 유익한 체험 학습을 하려면 철저한 준비가 필요합니다.

❓ 체험 학습을 가기 전

1. 『뚜벅뚜벅 우리 역사』를 꼼꼼하게 읽어 보기.

2. 체험 학습 가는 곳의 지도를 구하기.

   지도를 구하는 방법
   체험 학습을 가고자 하는 시청이나 구청의 홈페이지에 가서 문화 관광 메뉴에 들어가면 관광 지도(홍보물)를 신청할 수 있습니다. 지도에는 박물관이나 유적지뿐 아니라 주변의 관광지도 소개되어 있어 유용한 자료입니다.
   　예) 연천군 홈페이지 http://www.iyc21.net 접속, 문화 관광 메뉴 선택.
   　　　연천군 문화 관광 홈페이지에서 여행 가이드의 관광 홍보물 신청.

   홈페이지를 통해 지도를 구하지 못했다면?
   고속도로 휴게소의 안내소나 터미널, 역 근처에 있는 관광 안내소에 가면 많은 자료들이 있습니다.

3. 체험 학습 가는 곳의 홈페이지 들어가 보기.
   『뚜벅뚜벅 우리 역사』에 소개되지 않은 자세한 내용들이 박물관이나 유적지의 홈페이지에 자세하게 소개되어 있습니다.

❓ 체험 학습을 가서

1. 문화 해설사 선생님 만나기.
   박물관이나 유명한 유적지에는 문화 해설사 선생님이 있습니다. 자원봉사자인 문화 해설사는 박물관이나 유적지에 대해 누구보다 잘 알고 있고, 재미난 설명을 해 주기 때문에 현장의 가장 훌륭한 선생님입니다.
체험 학습을 가기 전 홈페이지에서 문화 해설 시간을 확인하기 바랍니다.

2. 체험 학습 프로그램을 적극 활용하기.
박물관에서는 체험 학습 프로그램을 운영하고 있습니다. 유물 복제품을 손으로 느낄 수도 있고 때로는 좋은 결과물을 만들 수 있습니다.
체험 학습 프로그램의 경우 미리 예약을 하는 경우가 있으니 확인을 해야 합니다.

3. 안내 자료 챙기기.
박물관이나 유명 유적지에서 제공되는 안내 자료는 무료일 뿐 아니라 내용도 충실합니다.
특히 안내 자료의 사진은 집으로 돌아와 정리를 할 때 유용하게 활용할 수 있습니다. 박물관에서는 카메라 촬영을 할 경우 다른 관람객들에게 방해가 되기도 하고, 실수로 플래시를 사용하면 유물이 손상될 수 있습니다. 유물을 볼 때에는 눈으로 보고 사진은 안내 자료나 홈페이지에서 찾으면 됩니다. 입장권도 잘 챙기면 좋은 추억이 될 것입니다.

❓ **돌아와서**

다녀와서 보고 들은 것들을 정리하면 더욱 뜻깊은 체험 학습이라고 할 수 있습니다.
체험 학습을 가기 전에 읽었던 『뚜벅뚜벅 우리 역사』, 지도와 함께 박물관이나 유적지의 안내 자료, 메모를 한 수첩, 입장권, 곳곳에서 찍은 사진들은 소중한 자료입니다. 이것을 잘 기록하면 나만의 문화유산 답사 책이 됩니다.

더 궁금한 내용이 있으면 도서관이나 서점, 홈페이지에서 자세한 내용을 찾아보세요.

차례

작가의 말 _ 4

발로 찾는 역사가 진짜 역사야 _ 6

눈으로 떠나는 역사 여행

인류와 유인원은 어떻게 다를까? _ 12
인간과 유인원의 다른 점 _ 14
인류의 진화 과정 _ 16
우리나라의 구석기 문화 _ 22
구석기시대의 생활 _ 28
우리나라의 신석기 문화 _ 30

뚜벅뚜벅 떠나는 역사 여행

국립중앙박물관 _ 46
연천 전곡리 유적 _ 48
암사동 유적지 _ 52
더 가 볼 만한 곳 _ 56

생각으로 떠나는 역사 여행

어떤 시대의 유물일까? _ 62

주먹도끼 그리기 _ 64

흑요석을 알아봅시다 _ 65

휴지통을 뒤지는 탐정 _ 66

생각으로 떠나는 역사 여행 정답 _ 68

나도 역사학자

석기 마을에서 보낸 하루 _ 74

구석기시대의 어느 하루 _ 76

다시 친구를 만났다 — 구석기시대의 일기 _ 77

신석기시대는 너무 피곤해 _ 78

새로운 움집으로 이사를 갔다 _ 79

책으로 본 신석기시대와 박물관의 신석기시대 _ 80

휴지통을 뒤지는 탐정 _ 81

답사 여행의 추억 _ 82

함께 보면 좋은 책, 사이트 _ 84

눈으로 떠나는 역사 여행

인류의 기원을 찾으면 500만 년 전으로 거슬러 올라가게 됩니다.
우리가 동물원에서 볼 수 있는 유인원과 다를 바 없었던
초기 인류는 진화를 거듭하여 오늘날의 모습이 되었습니다.
미개한 원시인 같았던 구석기시대와 신석기시대의 사람들은 도구를
만들고 발전시켰으며 오늘날의 우리처럼 웃고 울고 서로를
도우며 살았던 우리의 선조들입니다.

인류와 유인원은 어떻게 다를까?

"인간은 만물의 영장이다"라는 말이 있습니다. 우리 인류가 다른 동물과 비교할 때 뛰어나다는 말입니다. 인류는 어느 날 갑자기 생겨난 것이 아닙니다. 지구가 생겨난 이후 오랜 기간 동안 발전을 하면서 오늘날의 모습이 되었습니다. 이것을 진화라고 합니다. 약 7~5백만 년 전 인류는 고릴라, 침팬지, 오랑우탄과 같은 유인원들과 갈라져 진화를 하였습니다.

우리가 동물원이나 텔레비전에서 보는 고릴라나 침팬지는

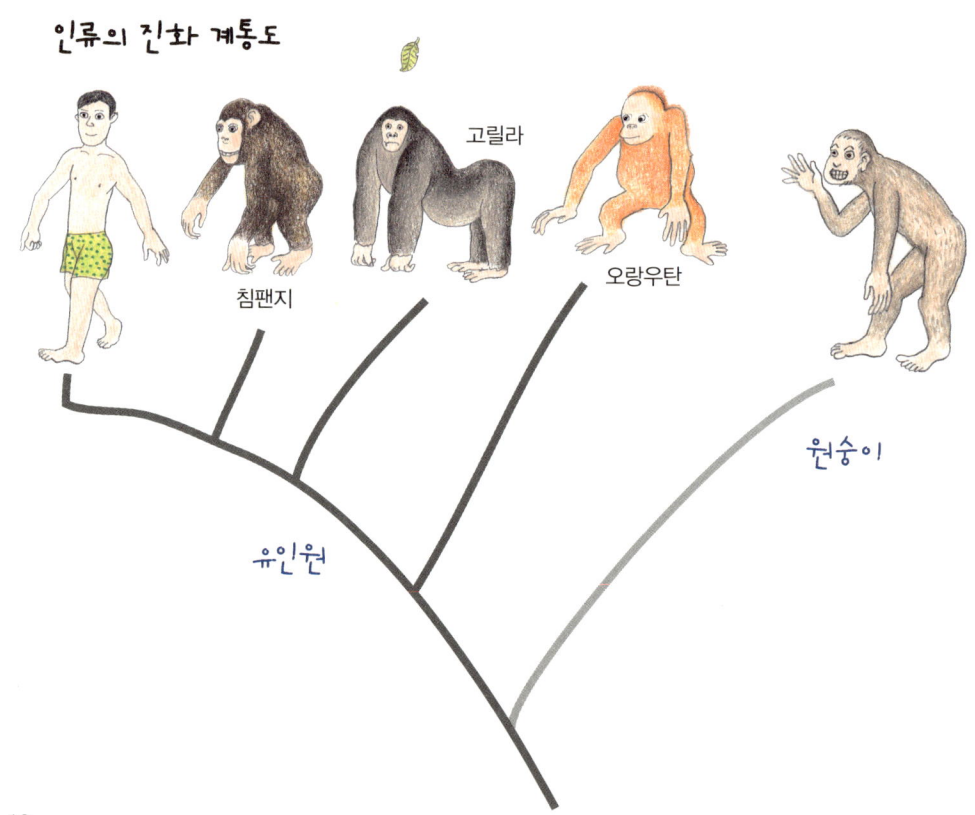

인류의 진화 계통도

여러 가지 면에서 인간과 비슷한 면이 많습니다. 손과 발이 있고, 얼굴 모양새가 비슷하고 다른 동물보다 영리하다는 점도 비슷합니다. 또한 도구를 사용할 수 있다는 점도 그렇습니다. 조금 어려운 말이지만 생물학적으로 보면 인간과 침팬지는 아주 비슷합니다. 우리 몸을 구성하는 DNA의 구조가 매우 유사하다고 합니다.

인간과 유인원의 다른 점

그렇다면 과연 인간과 유인원은 어떤 점이 다를까요?

인간이 다른 동물과 다른 점은 두뇌가 매우 영리하다고 알려져 있습니다. 맞는 말이기도 합니다. 하지만 인간이 처음부터 뛰어난 머리를 가지고 있지는 않았습니다. 인간이 지금처럼 뛰어난 두뇌를 가지게 된 것은 두 발로 서서 걸었기 때문이라고 보고 있습니다. 그렇다면 두 발로 서서 걷는 것이 어떠한 큰 변화를 가져왔을까요?

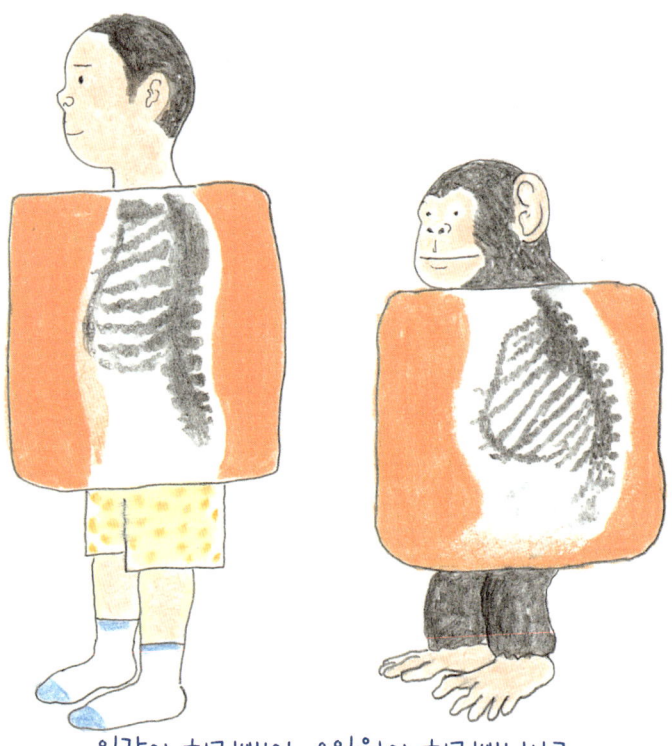

인간의 허리뼈와 유인원의 허리뼈 비교

두 발로 걷게 되면 네 발로 다니는 것보다 두 손이 자유롭습니다. 인간이 걷게 되면서 몸의 다른 부분에도 많은 변화가 생겨났습니다. 유인원의 허리뼈는 활처럼 굽어 있는 것에 반해 인간의 허리뼈는 옆에서 보면 에스(S)자 모양으로 휘어져 있습니다. 이것은 서서 걷게 되면서 발생하는 몸무게의 충격을 덜어 주기 위한 스프링 장치입니다. 이는 인간이 두 발로 서서 걷게 되면서부터 서서히 변화된 것입니다.

　발에도 큰 변화가 생겼습니다. 엄지발가락은 다른 발가락에 비해 매우 커지고 다른 네 발가락과 붙게 되었습니다. 이것도 몸무게를 지탱하면서 두 발로 안정되게 걷기 위한 장치입니다. 유인원의 엄지발가락은 마치 엄지손가락처럼 다른 네 발가락과 떨어져 있어 인간과는 아주 다르다는 것을 알 수 있습니다. 또한 인간의 발바닥은 가운데가 움푹 파여 있습니다. 이것도 몸무게를 견디기 위한 완충장치입니다. 만약 발바닥이 평평하다면 발바닥이 아파 오래 걷지 못할 것입니다. 그런 사람들의 발을 평발이라고 합니다.

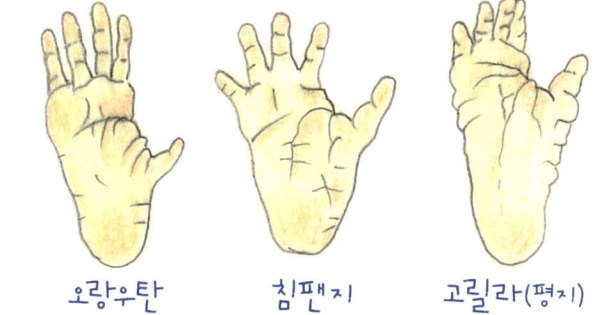
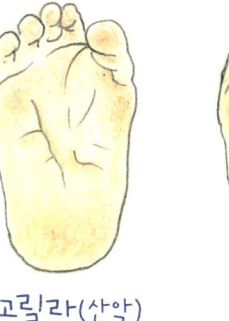
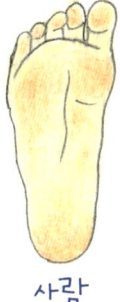

오랑우탄　　침팬지　　고릴라(평지)　　고릴라(산악)　　사람

인류의 진화 과정

우리 인류의 진화는 두 발로 서서 걷게 되고 두뇌 용량이 커지게 된 과정을 거쳐 왔습니다. 인류의 기원을 찾으려는 노력은 19세기부터 있었습니다. 처음에는 인류의 기원지가 아시아일 것이라는 생각을 많이 했습니다. 그래서 어느 학자들은 아시아에서 인류의 기원지를 발견하려고 노력했습니다. 그런 노력의 결과로 자바원인이라는 화석인류가 동남아시아에서 발견되기도 했습니다. 그러나 자바원인은 호모에렉투스로 가장 오래된 인류는 아니었습니다.

진화론으로 유명한 찰스 다윈은 인간과 비슷한 유인원이 살고 있는 아프리카가 인류의 기원지일 가능성이 높다고 주장하였습니다. 실제로 아프리카 동부 이디오피아, 케냐 등과

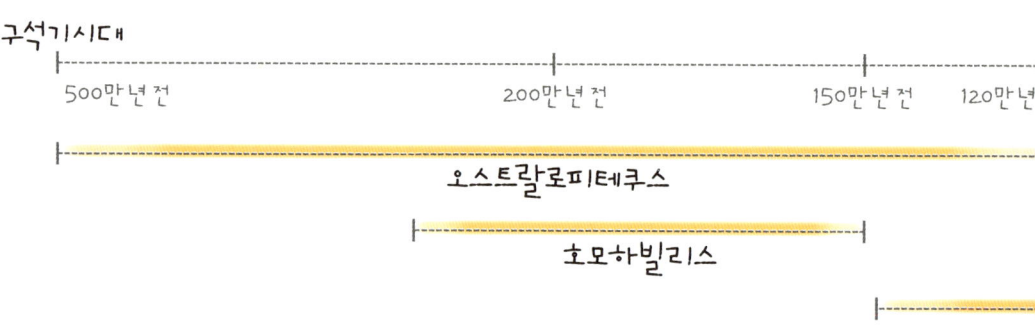

남부의 남아프리카공화국에서 가장 오래된 화석인류가 발견되었습니다. 이 화석인류가 오스트랄로피테쿠스입니다.

'남방의 원숭이'라는 뜻의 오스트랄로피테쿠스는 지금부터 약 400~500만 년 전 아프리카의 동부 지역에서 처음 등장하여 오랫동안 아프리카에서 생활하였습니다. 두뇌 용량도 아주 작고(500~650cc), 두 발 보행도 완전하지 못해 약간 구부정한 상태로 걸었을 것으로 추정됩니다. 얼굴은 인간보다는 유인원에 더 가까웠습니다. 키도 작아 약 120~130cm 정도였습니다.

그렇지만 고릴라나 침팬지에 비한다면 몸에 비해 두개골 용량이 매우 큰 편이었습니다. 평균연령은 11~12살에 불과했습니다. 이들은 지적 능력이 낮고 아직 자연계에서는 약한 존재여서 사냥을 하지는 못했고 오히려 사냥을 당할 위험이 있었습니다.

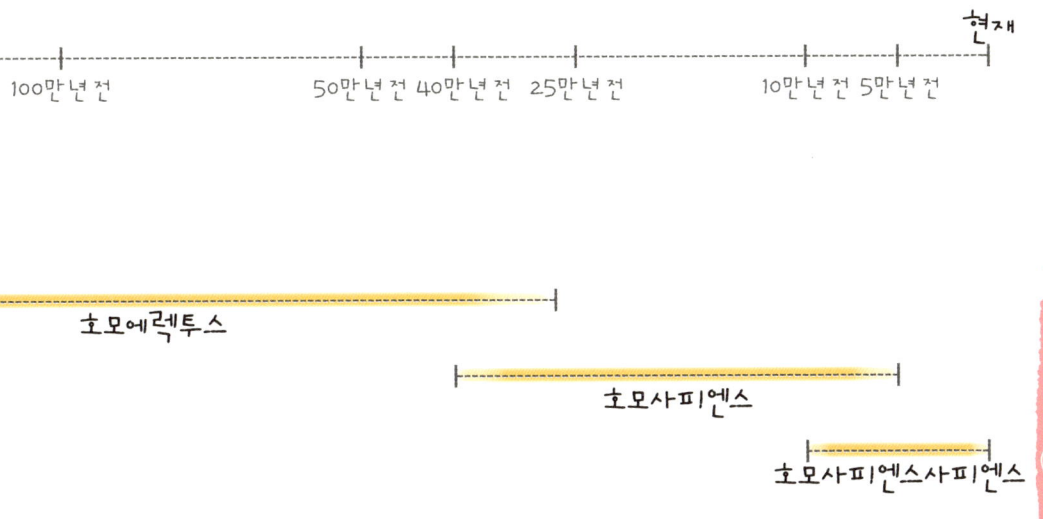

약 200만 년에서 150만 년 전 사이에는 아프리카에서 호모하빌리스가 등장합니다. 이들은 최초의 호모 속에 속하는 인류입니다. 호모하빌리스를 발견할 때 석기도 함께 발견되었습니다. 이 석기를 호모하빌리스가 만든 것이라고 생각되어 '도구를 만들 수 있는 인간'이라는 뜻으로 호모하빌리스라는 이름을 붙인 것입니다. 이들은 오스트랄로피테쿠스와 여러 면에서 비슷했지만 두뇌 용량은 약 800cc로 훨씬 컸습니다. 두 발 보행의 결과 인류의 두뇌는 점점 커지게 된 것입니다.

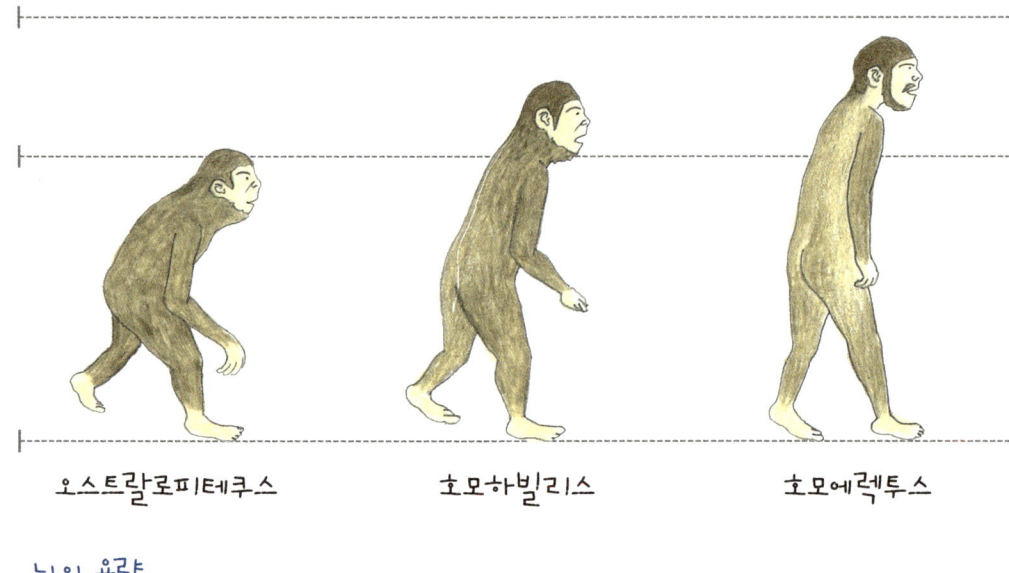

| 오스트랄로피테쿠스 | 호모하빌리스 | 호모에렉투스 |

뇌의 용량
500~600cc   800cc   1,000cc

호모하빌리스의 뒤를 이어 170만 년에서 25만 년 사이 호모에렉투스가 등장하게 됩니다. 호모에렉투스는 '곧게 서서 걷는 인류'라는 뜻입니다. 호모에렉투스는 처음으로 아프리카를 벗어나 세계 각지로 퍼져 나간 인류입니다. 이들은 이제 두개골 용량도 매우 커져 나중에는 약 1,000cc 정도에 이르게 됩니다. 이들은 무엇보다 불을 다룰 수 있었고 사냥도 하였으며 이에 따라 고기를 많이 섭취하게 되었습니다. 우리나라와 가까운 중국의 북경 주구점이라는 동굴유적에서는 호모에렉투스의 많은 화석과 유물이 발견되었습니다. 중국 주구점에서 발견된 호모에렉투스가 바로 북경원인입니다.

호모사피엔스   호모사피엔스사피엔스

,300~1,600cc   1,350cc

약 40만 년 전 무렵 현재 우리와 같은 종에 속하는 호모사피엔스가 등장합니다. 이들은 이제 얼굴 모습도 우리와 유사하고 정교한 도구를 만들어 사용하였습니다. 그리고 가족이 죽으면 꽃을 바치며 묻어 주기도 하고, 다친 사람을 보살피는 등 인간으로서의 문화적인 모습을 보이게 됩니다. 호모사피엔스 중에는 네안데르탈인이라고 불리는 유럽과 근동 지역에 살던 인류가 있었습니다. 이들은 외모가 거칠게 생겨 아주 원시적인 인류로 오해받기도 하였습니다. 그러나 인간으로서의 문화적 면모를 가진 것으로 밝혀져 지금은 호모사피엔스의 당당한 일원으로 대접받고 있습니다. 그러나 이들은 약 35,000년 전 무렵이 되면 사라지게 됩니다. 그리고 현재의

우리와 생물학적으로 완전히 같은 인류, 즉 현생인류인 호모 사피엔스사피엔스가 등장합니다.

현생인류의 탄생에 대해서는 여러 가지 설이 있습니다. 크게 보아 다른 인류와 마찬가지로 아프리카에서 탄생하여(약 20~15만 년 전) 세계 각지로 퍼졌다는 설과, 호모에렉투스가 아프리카를 벗어난 뒤 각지에서 각각 현생인류로 진화했다는 설로 나뉘는데, 앞의 설을 지지하는 증거들이 더 많은 듯합니다. 이렇게 수백만 년 동안 진화를 하며 등장한 현생인류는 이제 호주와 신대륙 등 세계 모든 지역에 퍼져 살게 되었습니다.

두뇌의 크기와 인류 발달

원래 인류와 유인원의 두뇌 크기는 별로 차이가 없었습니다. 그러나 진화 과정에서 인류의 두뇌 크기가 아주 커졌습니다. 지금 인류의 두뇌 크기는 침팬지나 고릴라와 같은 유인원의 두뇌보다 거의 세 배 정도로 큽니다. 인류의 두뇌 발달은 다른 동물에게는 없는 것으로 도구와 언어를 사용하게 했고 지적 능력도 커지게 되었습니다.

우리나라의 구석기 문화

구석기시대 유적의 분포와 시기

　일제시대 때 일본 사람들은 우리나라에는 구석기시대가 없었다고 주장하였습니다. 그러나 1960년대에 북한의 함경북도 웅기군 굴포리 서포항과 남한의 충청남도 공주군 석장리에서 구석기시대 유적이 발견된 이후 각지에서 많은 구석기 유적이 발견되어 그런 주장이 틀렸다는 것이 밝혀지게 되었습니다. 구석기시대의 유적은 이제 우리나라 전역에서 발견되고 있습니다. 평양이나 충북 지역과 같은 석회암 지대에서는 동굴유적이 많고, 다른 지역에서는 강변이나 벌판에 유적이 많이 있습니다.

　우리나라에서 연대가 오래된 것으로 유명한 구석기시대 유적으로는 경기도 연천의 전곡리 유적이나 평양의 검은모루 동굴 등이 있습니다. 이 유적들은 몇 십만 년 전의 유적이라는 주장도 있지만 몇 만 년 전에 불과하다는 주장도 있어, 언제부터 우리나라에 인류가 살기 시작했는지 고고학적으로는 아직 명확히 알려지지 않았습니다. 그렇지만 약 3만 년 전 이후의 늦은 구석기시대 유적들은 아주 많이 알려져 있습니다. 앞으로 밝혀야 될 것이 많으니 여러분도 관심을 가져 보세요.

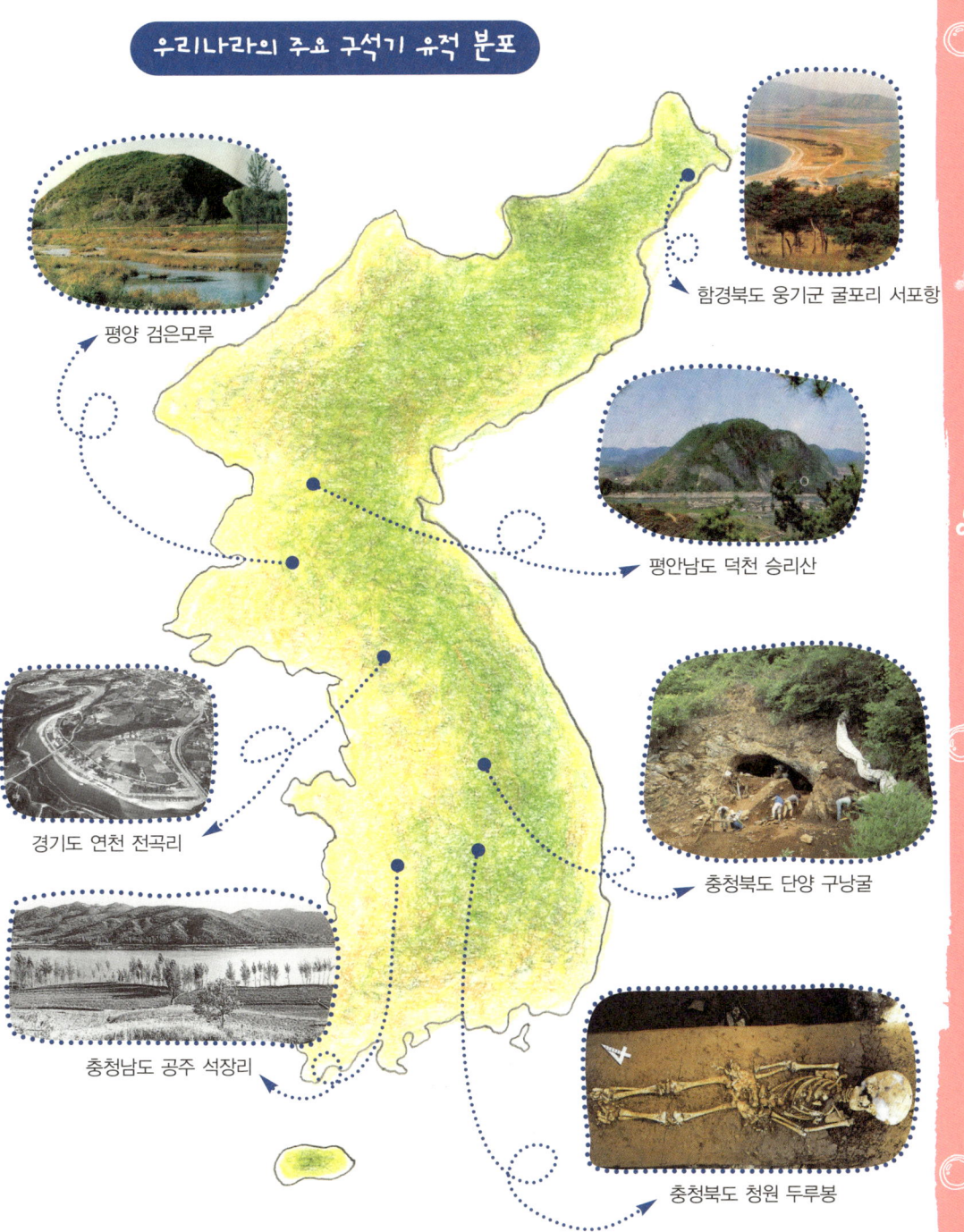

우리나라의 주요 구석기 유적 분포

평양 검은모루
함경북도 웅기군 굴포리 서포항
평안남도 덕천 승리산
경기도 연천 전곡리
충청북도 단양 구낭굴
충청남도 공주 석장리
충청북도 청원 두루봉

구석기시대의 도구 - 뗀석기

구석기시대 사람들은 돌을 이용해 각종 도구를 만들어 사용했습니다. 물론 나무나 동물뼈도 이용했겠지만 대부분 썩어 버려 확인하기가 어렵습니다. 돌을 이용한 도구, 즉 석기는 주로 돌을 깨뜨려 만드는 뗀석기와 갈아 만드는 간석기로 나뉘어집니다. 구석기시대에는 뗀석기가 주로 사용되었습니다.

우리나라의 구석기시대 중 이른 시기에는 대체로 크기가 크고 거친 석기가 많이 사용된 것으로 생각됩니다. 전곡리 등에서 발견된 대형 주먹도끼, 주먹자르개, 찍개 등이 대표적인 것입니다.

주먹도끼는 모양이 좌우대칭으로 주변을 돌아가며 날을 만든 석기입니다. 주로 아프리카와 유럽에서 발견되어 이른

주먹도끼 15cm 경기도 연천군 전곡리

시기의 구석기 문화를 대표하는 석기로 알려져 있었습니다.

우리나라를 포함하는 동아시아에서는 이와 같은 주먹도끼가 분포하지 않은 것으로 여겨져 왔습니다. 주로 자갈돌을 한두 번 깨뜨려 날을 만든 간단한 찍개와 같은 석기가 분포하는 지역으로 알고 있었습니다. 그래서 예전에는 유럽과 아프리카는 주먹도끼 문화권, 동아시아는 찍개 문화권으로 구분하여 구석기시대를 설명했습니다.

그런데 1970년대 후반에 우리나라의 경기도 연천군 전곡리 유적에서 주먹도끼가 출토된 것입니다. 이로 인해 전곡리는 세계적으로 유명한 유적이 되었습니다. 전곡리 유적에서의 주먹도끼 발견을 계기로 주먹도끼 문화권과 찍개 문화권으로 구분하던 생각이 틀렸다는 것이 밝혀지게 되었습니다.

슴베찌르개 7.27cm 충청북도 단양 수양개

이른 구석기시대의 석기는 크기가 크고 석재도 규암이나 석영맥암처럼 거친 것이 대부분입니다. 그러나 늦은 구석기 시대에는 석기의 형태와 재질이 크게 바뀌었습니다. 석기는 점점 작고 정교해졌고, 석재도 흑요석이나 규질혈암 등과 같은 질이 좋은 것으로 바뀌게 되었습니다. 석기를 만드는 기술이 좋아지면서 여러 종류의 석기가 만들어졌습니다. 사냥을 위한 창이나 화살촉도 만들었고, 생활에 필요한 작은 밀개,

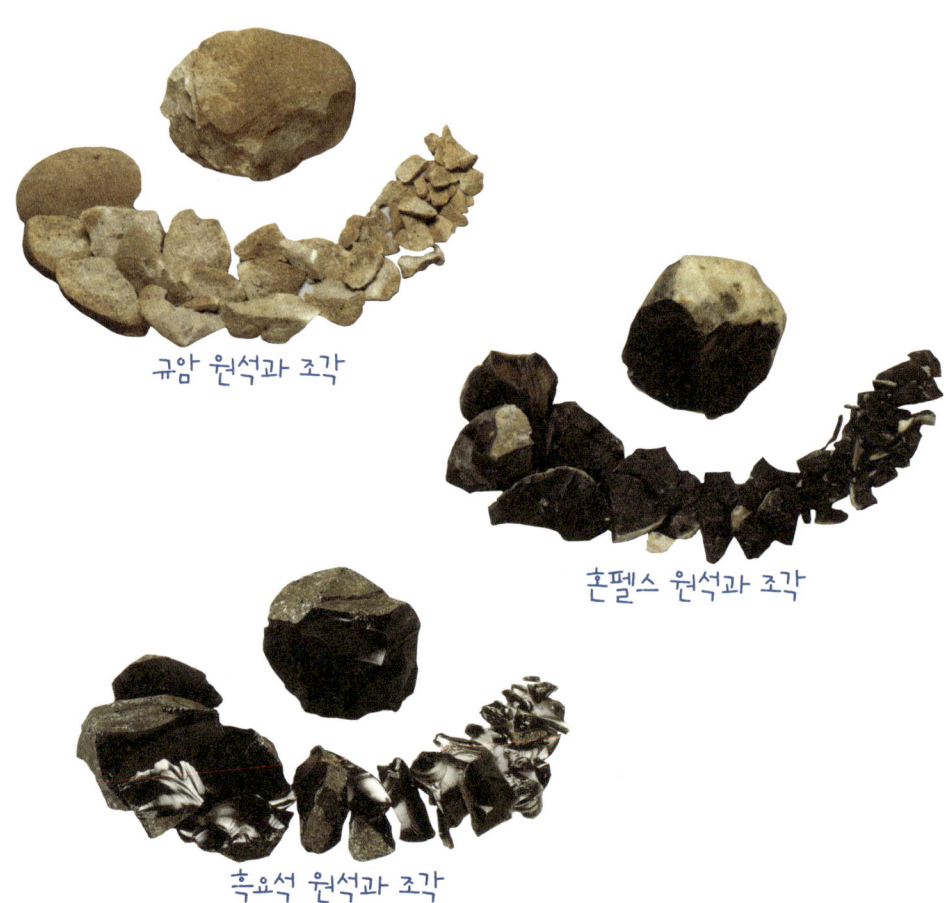

규암 원석과 조각

혼펠스 원석과 조각

흑요석 원석과 조각

긁개, 송곳, 조각도 등도 만들었습니다.
 이러한 도구들을 이용해 구석기시대 사람들은 사냥을 하고 여러 가지 도구나 장신구를 만들었습니다. 시베리아에서는 구석기인들이 사냥한 매머드(맘모스)의 뼈가 많이 발견되기도 하였습니다. 구석기시대 사람들은 사냥뿐 아니라 채집 활동을 통해 과일이나 곡물 등을 구하였습니다. 그렇지만 구석기시대 사람들은 아직 곡물을 재배하지는 않았습니다.

새기개 4.5cm(왼쪽) 대전 노은동, 금평

긁개 8.5cm(왼쪽) 충청북도 수양개 외

구석기시대의 생활

구석기시대 사람들은 5~10명 정도가 모여 생활하였으며, 지금의 우리와는 다르게 자주 옮겨 다니는 생활을 하였습니다. 그래서 동굴유적을 제외하면 신석기시대 이후에 보이는 제대로 된 집터와 같은 것은 발견되지 않습니다. 늦은 구석기시대는 아주 추운 빙하기였다고 하는데, 추운 기후 속에서 사냥을 하고 자주 이동 생활을 해야 했던 구석기시대 사람들은 지금의 우리보다 더 힘든 생활을 했겠지요?

우리나라의 신석기 문화

신석기시대란

신석기시대는 인류가 처음으로 농사를 짓기 시작하고, 한 마을을 이루어 살기 시작한 시대입니다. 이때부터 인류는 진흙을 구어 만든 토기를 사용하였습니다. 구석기시대의 뗀석기와 달리 석기를 갈아서 만든 간석기를 많이 사용하였습니다. 농사를 짓기 시작하면 씨를 뿌리고 돌보아야 하며 또 수확을 하여야 합니다. 이동 생활을 하면서는 농사를 짓기가 어렵고, 농사에는 일손도 많이 필요하기 때문에 신석기시대 사

빗살무늬토기 25.9cm 서울 암사동

람들은 한곳에 머물러 생활하였습니다. 곡식을 저장하고, 음식을 만들기 위해서는 다양한 토기가 필요했습니다. 석기를 만드는 기술도 점점 발달하여 생활하기 편리한 많은 종류의 석기를 만들게 되었습니다.

　작은 무리를 이루고 자주 옮겨 다니며 사냥이나 채집을 위주로 살아갔던 구석기시대와 비교하면 신석기시대에는 마을을 이루고 농사를 지으며, 토기나 간석기와 같은 새로운 도구를 만들며 살았습니다. 그렇기 때문에 구석기시대와 구분하여 신석기시대라 부르는 것입니다. 신석기시대는 세계 여러 나라가 모두 같은 것은 아니지만 마지막 빙하기가 끝나는 10,000년 전 이후부터 시작됩니다.

낫 13.2cm 서울 암사동

도끼 9.1cm 서울 암사동

신석기시대의 생활

우리나라의 신석기시대는 세계 여러 나라와 마찬가지로 약 일만 년 전부터 시작합니다. 이때부터 우리나라에서도 처음으로 토기가 등장합니다. 하지만 농사가 바로 시작되지는 않았습니다. 한참 시간이 지난 후 농사짓기가 서서히 시작되었습니다. 우리나라의 신석기시대 유적들은 강변이나 낮은 산, 바닷가 근처, 해안의 섬 등 전국 곳곳에 분포하고 있습니다.

특히 서해안과 남해안의 많은 섬에는 신석기시대 사람들

이 조개를 먹고 버린 조개껍데기로 만들어진 조개무지라는 유적이 많이 발견되었습니다. 조개무지는 조개껍데기로만 이루어진 쓰레기터로 생각하기 쉽습니다. 그러나 조개무지에는 신석기시대에 사용하였던 토기, 석기, 뼈도구 등 많은 유물이 함께 있습니다. 조개무지에서는 사슴, 멧돼지, 고래와 같은 동물 뼈들도 발견되어 신석기시대의 생활 모습과 먹을 것에 대해 구체적으로 알 수 있습니다. 조개무지는 신석기시대에는 쓰레기터였지만 지금은 신석기시대 사람들의 생활을 짐작하게 해 주는 정보의 보물창고입니다.

그물추

신석기시대의 식생활

우리나라 신석기시대 사람들은 사냥, 물고기 잡기, 식물 열매나 뿌리 등의 채집을 통해 식량을 구했습니다. 따라서 이와 관련된 유물들이 많이 발견됩니다.

사냥

사냥에 사용된 가장 대표적인 도구는 활과 화살입니다. 활과 화살은 신석기시대부터 본격적으로 사용되었습니다. 활은 아직 발견된 예가 없지만, 화살촉은 많은 유적에서 확인됩니다. 신석기시대 사람들은 활이나 창을 이용해 주로 사슴과 멧돼지를 사냥했습니다. 사냥된 동물에서는 고기 뿐만 아니라, 가죽이나 뿔, 뼈도 얻을 수 있었습니다. 가죽, 뿔, 뼈는 천막이나 옷, 도구로 이용할 수 있는 재료가 되었습니다.

창 8.2cm(왼쪽) 제주도 고산리

흑요석으로 만든 화살촉 3.4cm(오른쪽 위) 경상남도 통영 연대도·욕지도

어로 활동

우리나라는 삼면이 바다로 둘러싸여 있어서 신석기시대부터 바다에서 나는 식량을 많이 먹었습니다. 신석기시대에 가장 많이 발견된 조개는 지금도 즐겨 먹는 굴입니다. 조개는 단순히 식량으로만 역할을 한 것은 아닙니다. 신석기시대 사람들은 조개로 팔찌를 만들었습니다. 조개 팔찌는 일본 지역에서 물물교환을 할 때 쓰이기도 했답니다. 조개 팔찌를 주고 남해안에서는 나지 않는 흑요석이라는 질 좋은 돌감을 들여와 화살촉 등을 만드는 데 사용하였습니다. 바닷물고기들은 일일이 열거할 수 없을 정도로 아주 많은 종류를 잡았습니다. 도미, 대구, 복어, 민어, 상어, 다랑어 등등 매우 다양합니다. 물고기는 그물이나 낚시를 이용해 주로 잡았습니다. 그래서 신석기시대 유적에서는 그물에 매다는 그물추나 낚싯바늘이 많이 발견되고 있습니다.

돌그물추 2.4cm(아래 오른쪽) 서울 암사동

이음낚싯바늘 7.1cm 부산 범방

채집

신석기시대에는 동물이나 바닷물고기, 조개류보다 식물에서 나는 식량을 더 많이 먹었습니다. 유적에서 확인된 것으로 가장 대표적인 것은 도토리입니다. 지금은 도토리를 주로 묵으로 만들어 먹지만, 신석기시대 사람들은 여러 가지 방식으로 요리해 먹었을 것입니다. 갈아서 새알과 반죽해 쿠키처럼 구워 먹기도 하고, 삶아서 먹기도 했을 것입니다.

도토리 | 경상남도 창녕 비봉리

농사

신석기시대 사람들은 채집 외에도 농사를 시작하였습니다. 기원전 4,000년 이후 농사와 관련된 증거들이 서서히 나타났습니다. 예를 들어 조와 기장 같은 밭에서 키우는 곡물이 유적에서 발견되었습니다. 그리고 농사를 하는데 필요한 도구가 나타나기 시작하였습니다. 그렇지만 여전히 신석기시대 사람들에게는 자연에서 나는 동식물을 사냥하거나 채집하는 것이 더 중요하였습니다. 농사를 통해 얻은 곡물은 이를 보조하는 역할을 했을 것입니다.

따비 14㎝ 서울 암사동

갈판과 갈돌 47㎝ 강원도 양양 지경리

따비 32.2㎝ 서울 암사동

움집

신석기시대 사람들은 보통 5~10 가구 정도가 하나의 마을을 이루고 살았습니다. 이들이 사는 집은 땅을 파고 만든 움집이었습니다. 움집은 땅을 네모 혹은 둥근 모양으로 판 후 그 위에 나무로 기둥을 세우고 갈대나 억새와 같은 풀로 지붕을 얹어 만들었습니다. 움집은 밖에서 보면 벽이 보이지 않고 지붕이 땅에 닿아 있는 모양이었습니다.

움집 안에는 화덕자리가 있어 조리도 하고 난방이나 조명 역할도 하였습니다. 움집은 초가집과 같이 풀을 여러 겹으로 얹어 만들기 때문에 비가 새지 않았습니다. 그리고 움집을 팔 때 나온 흙을 주위로 불룩하게 둘러 물이 들어오는 것도 막았습니다. 또한 장작을 태우지 않고 숯불을 사용했을 것으로 보

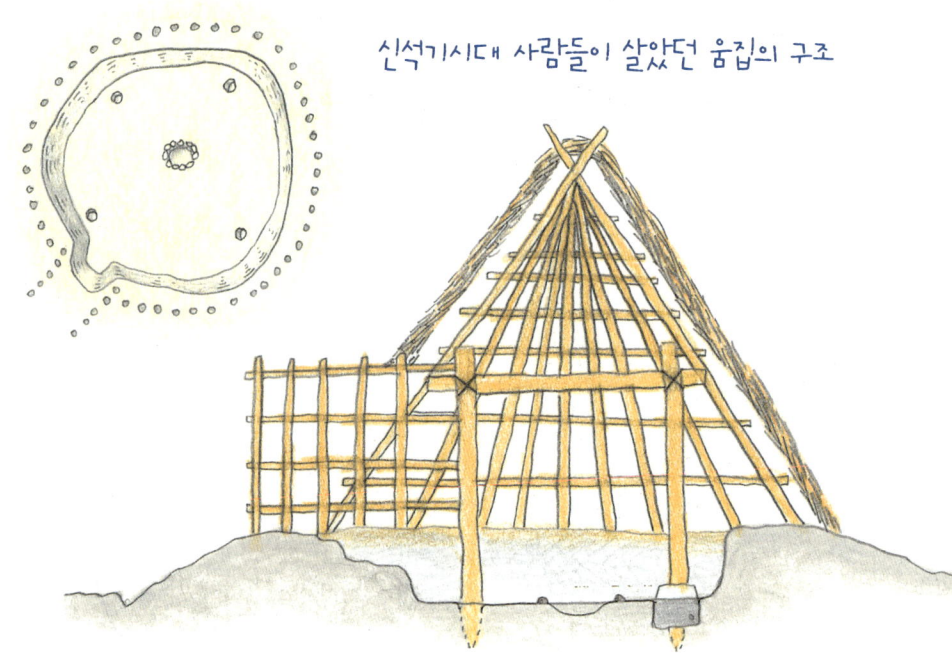

신석기시대 사람들이 살았던 움집의 구조

고 있습니다. 숯불은 장작에 비해 불길도 높지 않고 연기도 덜 나기 때문에 화재를 막는 역할도 하였을 것입니다. 움집은 여름에는 시원하고 겨울에는 따뜻하여, 신석기시대 사람들의 훌륭한 보금자리였습니다.

토기

　우리나라 신석기시대 사람들이 사용하던 토기를 흔히 빗살무늬토기라고 부릅니다. 토기 표면에 빗과 같은 도구를 이용해 무늬를 새겨 넣은 특징이 있기 때문에 붙여진 이름이랍니다. 빗살무늬토기는 바닥이 납작한 것도 있지만, 둥글거나 뾰족한 것도 많습니다.

　신석기시대 사람들은 점토를 엿가락처럼 길게 늘여 띠 모양을 만들고 이것을 하나하나 쌓아 올리는 방식으로 토기를 만들었습니다. 이렇게 모양을 만든 다음 안팎을 잘 다듬고 완전히 마르기 전에 무늬를 새겨 넣었습니다. 아주 다양한 형태의 무늬가 있고 지역에 따라 약간의 차이를 보이기도 합니다. 고고학자들은 이러한 토기의 무늬를 연구해 시기를 추정하거나 지역별 특징을 연구하기도 합니다.

　빗살무늬의 의미는 많은 고고학자들의 의문입니다. 한마디로 이야기하기는 매우 어렵습니다. 자기가 속한 집단을 표현하기 위한 수단으로 보기도 하고, 지금은 알 수 없는 어떤 상징적 의미를 가지고 있다고 말하기도 합니다. 정확히 밝혀지지 않았지만 신석기시대 사람들이 토기의 문양을 통해 무언가를 표현하려고 했다는 것은 분명합니다.

　이러한 토기의 문양은 신석기시대 후기로 갈수록 점차 사라져 청동기시대에는 토기에 거의 무늬가 새겨지지 않습니다. 그래서 무문토기라 부릅니다. 청동기를 사용하던 사람들은 토기보다는 청동거울이나 청동방울에 무늬를 넣었습니다. 아마도 당시에 그들이 중요하게 여겼던 물건에 무언가를 표현하는 수단으로 무늬를 넣었을 것입니다.

장신구

　신석기시대 사람들이 먹고 사는 데만 급급했던 것은 절대 아닙니다. 자신의 몸을 치장하는 장신구들도 많이 만들었습니다. 흙으로 빚어 만든 둥근 원반 형태의 귀걸이, 옥으로 만든 귀걸이나 팔찌, 조개로 만든 팔찌, 동물 뼈를 조각한 각종 치레걸이, 동물 이빨을 꿰어 만든 발찌 등등 많은 종류의 장신구가 발견되었습니다.

　이런 장신구들은 몸의 치장보다 신분을 드러내거나 나쁜 기운이나 위험을 막는 주술적인 의미도 가지고 있었을 것입니다. 돼지나 곰, 뱀 등 동물을 표현한 작은 소조품들 역시 이러한 주술적 의미를 담고 있다고 봅니다. 신석기시대 사람들에게 자연은 살아갈 자원을 제공해 주는 풍요로운 곳이기도 했지만 언제 재해가 닥칠지 모르는 두려움의 대상이기도 하였기 때문입니다.

조개팔찌 7.2cm(위 왼쪽) 부산 동삼동

우리나라 신석기시대 사람들은 이와 같이 마을을 이루고, 움집에서 살며, 수렵, 채집, 어로 및 농경 생활을 주로 하면서 수천년이라는 긴 기간 동안 한반도에서 살았습니다. 그들은 그저 미개한 원시인이 아니라 우리처럼 웃고 울고 서로를 도우며 살았던 우리의 선조들입니다. 그 후로도 또 수천 년이 흘러 오늘날 여러분이 이곳 한반도에 살고 있는 것입니다. 우리가 살고 있는 이곳은 우리만 살았던 것도 아니고 또 우리만 살 곳도 아니랍니다. 여러분의 후손들도 살아갈 곳이기도 합니다.

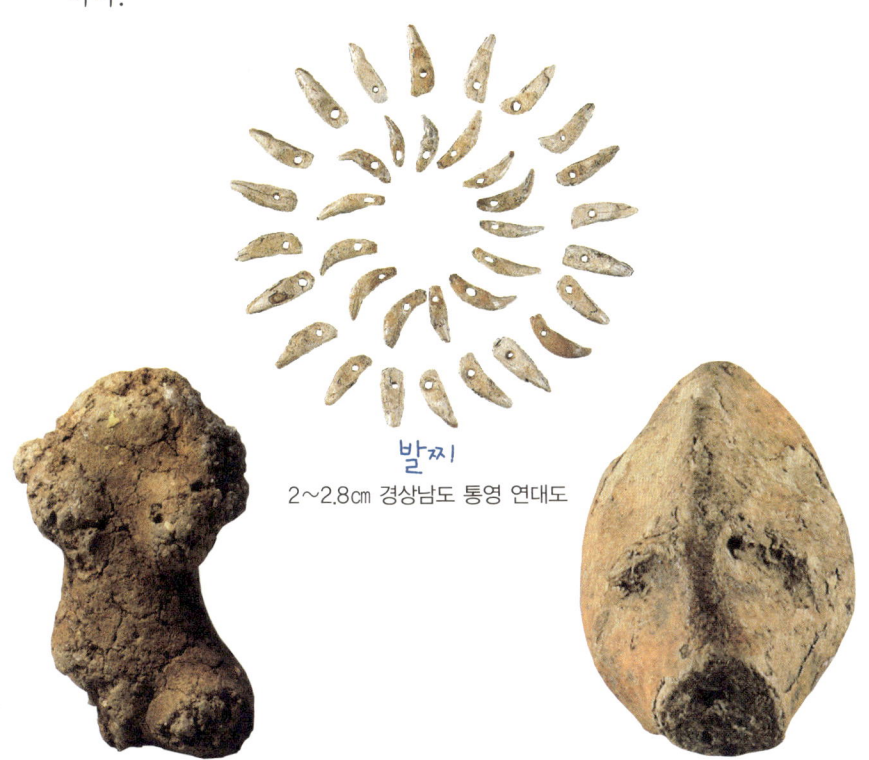

발찌
2~2.8㎝ 경상남도 통영 연대도

흙으로 빚은 여인 3.6㎝ 울산 신암리

흙으로 빚은 멧돼지 4.2㎝ 경상남도 통영 욕지도

뚜벅뚜벅 떠나는 역사 여행

백 번 읽는 것이 한 번 보는 것만 못하다는 말이 있습니다.
구석기시대와 신석기시대에 대해 꼭 알아야 할 것들을 살펴보았으니
이제 직접 찾아가 보는 게 어떨까요?
여기 소개한 곳들은 우리나라에서 구석기시대와 신석기시대를
잘 이해하기 위해 꼭 가 볼 만한 곳들입니다.
가족들과 함께 찾아가 보세요.

국립중앙박물관
구석기시대와 신석기시대의 사람들이 남긴 유물이 많이 있는 곳

국립중앙박물관 구석기실에는 구석기시대 유물이 많이 있습니다.

구석기실에 들어서면 뗀석기를 만들었던 재료들과 그 재료로 만든 석기들이 가장 먼저 보입니다. 구석기시대 사람들은 뗀석기로 무엇을 했을까요?

구석기실에서 가장 돋보이는 유물은 경기도 연천 전곡리에서 발굴된 주먹도끼입니다. 이 주먹도끼는 동아시아 지역에서는 최초로 발견된 것입니다. 이밖에 한반도 전역에 있는 구석기 유적지를 확인해 볼 수 있습니다.

신석기실에는 신석기시대 생활 모습을 알 수 있는 다양한 유물들이 있습니다.

신석기시대의 대표적 유물인 빗살무늬토기가 전시되어 있습니다. 신석기실에 전시된 유물은 구석기실에 있는 유물에 비해 다양하고 한층 발전되어 있습니다. 화살과 창, 낚싯바늘과 그물추 같은 유물을 보면서 신석기시대의 사냥과 어로 활동을 상상해 보시기 바랍니다.

유물 가운데 인류 최초의 농경을 짐작하게 하는 농기구와 생활 도구도 눈여겨볼 만합니다. 또한 신석기시대에 교역을 했다고 추정해 볼 수 있는 흑요석의 산지와 유물의 분포도도 흥미롭습니다. 전시된 조개가면, 발찌, 팔찌는 신석기인들에게 어떤 의미가 있었을까요? 한 번 생각해 보시기 바랍니다.

국립중앙박물관

서울시 용산구 서빙고로 135

홈페이지 http://www.museum.go.kr

전시 해설 고고관 (구석기실 입구)
6회 1시간 (10:00, 11:00, 13:00, 14:00, 15:00, 16:00)

관람 시간 화목금 : 09:00~18:00   수토 : 09:00~21:00   일요일, 공휴일 : 09:00~18:00

휴관일 1월 1일, 매주 월요일 (월요일이 공휴일일 때에는 공휴일 다음의 첫 번째 평일)

관람료 무료 (특별, 기획 전시 제외)

연천 전곡리 유적

세계에서 가장 널리 알려진 한반도의 구석기 유적

연천 전곡리 유적은 세계적으로 가장 널리 알려진 한반도의 구석기 시대 유적입니다. 연천 전곡리에서 동아시아 최초로 주먹도끼가 발견되었기 때문입니다. 연천 전곡리 유적은 우리나라에 와서 근무하던 미군 병사 그렉 보웬에 의해 1978년에 우연히 발견되었습니다.

연천 전곡리 유적은 정비가 잘되어 있습니다. 유적 입구에는 전곡리 구석기 유물전시관이 있습니다. 작은 전시관이지만 구석기시대 사람들의 생활을 엿볼 수 있는 조형물이 곳곳에 설치되어 있습니다. 구석기시대 사람들이 어떤 활동을 했는지 살펴보시기 바랍니다.

연천 전곡리 유적 안에는 토층 전시관과 선사체험마을도 있습니다. 토층 전시관에는 발굴 당시 지층을 그대로 재현해 놓았습니다. '연천과 주먹도끼'라는 3D 입체 영화를 상영하는데 연천 전곡리 유적을 잘 소개하고 있으니 놓치지 말고 관람하시기 바랍니다. 선사체험마을에서는 선사시대를 이해할 수 있는 다양한 체험 프로그램을 운영하고 있습니다.

연천 전곡리 옆에는 2011년에 새로 문을 연 전곡선사박물관이 있습니다. 전곡선사박물관에는 그렉 보웬이 직접 그린 주먹도끼 그림, 고고학자들이 쓴 발굴 과정을 기록한 공책, 발굴에 사용하였던 도구들이 전시되어 있습니다.

전곡선사박물관에는 세계 구석기 문화를 생생하게 이해할 수 있는 전시물도 있습니다. 특히 손전등을 비추면서 관람하는 동굴 전시실은 세계 여러 나라의 동굴벽화를 생생하게 감상할 수 있습니다. 전시실 관람을 마친 다음 박물관 옥상으로 올라가면 전망대에서 한탄강을 둘러볼 수 있습니다. 자세히 보면 산으로 올라가는 매머드를 발견할지도 모릅니다.

연천 전곡리 유적은 경기도 북쪽에 위치하고 있어 멀게 느껴지지만 가족과 함께 소풍 가기에 아주 좋은 곳입니다.

연천 전곡리 유적

경기도 연천군 전곡읍 전곡리 528-1번지 일대

홈페이지 연천군 선사체험마을 http://exp.seonsa.go.kr

체험 학습 구석기체험존 : 4월부터 10월까지 상설 체험 프로그램 진행
석기 만들기, 식량 구하기, 선사 사냥터, 곡물 다듬기, 선사인의 집 짓기
입장료 : 7,000원

발굴 체험 5월부터 10월
전곡리 유적 4차 조사 때 조사했던 발굴 구덩이에서 고고학자들이 측량, 실측 등 다양한 발굴에 대한 체험을 할 수 있다.
체험료 : 4,000원

예약 방법 선사체험마을 홈페이지나 전화(031-839-2201, 2562)

관람 시간 연중무휴로 이용 가능

연천 전곡리 유적 탐방 코스

전곡선사박물관

경기도 연천군 전곡읍 전곡리 176-1

홈페이지   http://www.jgpm.or.kr

관람 시간   09:00~18:00

관람료   초등학생 1,000원, 중고교생 2,000원, 일반 4,000원

암사동 유적

빗살무늬토기가 나온 우리나라 최대의 신석기시대 마을 유적

1925년 암사동 전경

암사동 유적은 신석기시대 사람들이 살던 마을이 있던 곳으로 1925년에 홍수가 나서 세상에 알려졌습니다.

암사동 유적에 들어서면 신석기시대의 움집을 복원한 움집 마을이 보입니다. 실제 크기보다 약간 크게 복원한 움집은 들어가 볼 수 있습니다. 땅을 파고 기둥을 세우고 짚으로 벽과 지붕을 만든 것입니다. 움집 가운데에 있는 화덕은 음식을 조리하고, 움집을 따뜻하게 해 주고, 움집을 환하게 밝혀 주는 역할을 하였습니다. 화덕에서 나온 연기는 어디로 빠져나갔을까요?

움집을 지나면 암사선사유물전시관이 보입니다. 전시관에는 발굴 현장을 그대로 보존한 전시실과 생활 유물을 전시한 전시관으로 이루어져 있습니다. 주거지 규모가 상당히 크다는 것을 알 수 있습니다. 주거지 주변 곳곳에 있는 구덩이의 용도는 무엇인지 함께 간 친구나 가족들과 이야기를 나누어 보세요.

생활 유물 전시관에는 움집에서 어떻게 생활했는지 엿볼 수 있는 모형과 마을 주변의 지형을 살필 수 있는 모형이 설치되어 있습니다. 선사시대 사람들은 어떤 곳에 마을을 만들었을까요?

전시관을 나오면 선사체험마을이 있습니다. 선사체험마을은 신석기시대의 생활을 살펴보고 직접 체험할 수 있는 공간입니다. 선사체험마을 입구에 있는 시간의 길은 현재를 살고 있는 우리를 신석기시대로 데리고 가는 통로입니다. 선사체험마을에서 신석기시대 사람이 되어 보세요.

암사동 유적에서는 체험 학습으로 발굴, 신석기시대의 사냥, 어로 체험 등을 할 수 있습니다. 체험 학습을 위해서는 반드시 예약을 해야 합니다.

암사선사유물전시관

서울시 강동구 올림픽로 875(암사동 139-2)

홈페이지 http://sunsa.gangdong.go.kr

전시 해설 홈페이지에서 예약

관람 시간 09:30~18:00(매표는 17:30까지)

휴관일 1월 1일, 매주 월요일(월요일이 공휴일인 경우 다음 날)

관람료 학생:300원, 어른(대학생):500원
　　　　주차료:경차 1,000원, 소형차 2,000원, 대형차(25인승 이상):4,000원

암사동 유적 탐방 코스

제2전시관 선사시대의 생활 모습으로 구성하였다.

암사선사유물전시관

움집터 입구 신석기시대의 움집을 복원하였다. 복원한 움집에 들어가서 당시의 생활을 볼 수 있다.

제1전시관 암사동 신석기 유적을 복원하였고, 출토 유물을 전시하였다.

어로체험

수렵 체험

시간의 길

신석기시대의 마을

더 가 볼 만한 곳

석장리박물관

공주 석장리 유적은 1964년에 우리나라에서 처음으로 구석기 유적을 발굴한 곳입니다. 석장리 유적을 발견한 사람은 미국의 대학원생인 앨버트 모어와 그의 아내 엘 샘플이었습니다. 석장리 금강을 답사하던 도중 뗀석기를 찾아낸 것입니다. 석장리 유적지는 1964년부터 1992년까지 12차에 걸쳐 발굴하였고 최근 2010년에도 발굴 작업이 이루어져 많은 구석기 유물이 발견되었습니다.

석장리박물관은 발굴 결과를 토대로 만든 선사 박물관입니다. 그래서 구석기시대의 환경과 인류의 발달 과정, 구석기시대 사람들이 생활하였던 모습을 생생하게 보여 주고 있습니다. 우리나라와 세계 각국의 구석기 유적을 비교할 수 있도록 전시하고 있습니다.

그리고 발굴 사진과 용품, 기록물도 전시가 되어 있는데, 지금으로서는 상상하기 힘들 만큼 어려운 여건에서 발굴을 했던 고고학자들의 모습을 확인할 수 있습니다.

충청남도 공주시 장기면 금벽로 990
홈페이지 : http://www.sjnmuseum.go.kr
전시 해설 : 전화 예약으로 신청(010-5024-2421, 041-840-2491)
관람 시간 : 09:00 ~ 18:00(17:30까지 매표)
휴관일 : 설날, 추석 명절 당일, 시장이 정하는 휴관일
관람료 : 어린이 700원, 청소년·군인 : 1,000원, 일반 : 1,500원

동삼동패총전시관

동삼동패총전시관은 우리나라 신석기시대의 생활을 추적해 볼 수 있는 조개무지 유적지에 있습니다. 1930년과 1932년 일본인에 의해 간단한 조사가 이루어졌다가 1964년에 석장리 유적을 발견한 미국인 앨버트 모어와 그의 아내 엘 샘플이 발굴 조사를 하였습니다. 그후 1969년이 되서야 우리의 힘으로 발굴 조사를 하게 되었습니다.

얼굴 모양 조가비 10.7cm 부산 동삼동

동삼동패총은 3개의 문화층으로 나눌 수 있습니다. 가장 오래된 아래층에는 원시 민무늬토기와 덧무늬토기가 출토되었고, 가운데 층에서는 아랫부분이 둥근 전형적인 빗살무늬토기가 출토되었습니다. 가장 위층에서는 이전 시기와 다른 문양의 빗살무늬토기와 아가리 부분을 밖으로 접어 붙인 겹아가리토기가 출토되었습니다.

동삼동패총에서는 일본 규슈에서 나오는 것으로 추정되는 흑요석과 죠몽토기 조각이 발견되었는데 대한해협을 사이로 교역을 했다는 것을 알려 주는 좋은 자료입니다.

부산시 영도구 태종로 729
홈페이지 : http://dongsamsm.busan.go.kr
전시 해설 : 주말 10:00~17:00
관람 시간 : 09:00 ~ 18:00
휴관일 : 1월 1일, 매주 월요일(월요일이 공휴일인 경우 다음날 휴관)
관람료 : 무료

오산리선사유적전시관

오산리선사유적박물관은 신석기시대 대표 유적지인 강원도 양양군 오산리에 있는 선사시대 전문 박물관입니다.

오산리 유적지는 1977년 주변의 호수를 매립하여 농지를 만들다가 발견되었습니다. 오산리 유적지에서 출토된 유물의 방사성탄소 연대측정을 한 결과 우리나라에서 가장 오래된 시기인 약 8,000년 전의 것으로 확인되었습니다. 유적지에서 흑요석으로 만든 석기가 출토되었는데 백두산에서 나온 흑요석과 같다는 것이 밝혀졌습니다. 어떻게 해서 백두산의 흑요석이 강원도 양양에서 발견된 것일까요?

오산리선사유적박물관에는 움집 생활, 토기 제작, 어로 생활, 수렵과 채집을 했던 당시의 모습을 그대로 재현해 놓았습니다. 전시물 가운데 흙으로 빚은 사람 얼굴상은 우리나라에서 가장 오래된 예술 작품이라고 할 수 있습니다.

오산리선사유적전시관은 동해와 설악산이 가까운 곳에 위치하고 있어 체험 학습과 놀이, 휴식을 한 번에 할 수 있는 최적의 유적지입니다.

강원도 양양군 손양면 학포길 33(오산리 51번지)
홈페이지 : http://www.osm.go.kr
전시 해설 : 10시, 11시, 14시, 15시, 16시
(문의 전화 031-671-2000, 2547)
관람 시간 : 09:00~18:00
휴관일 : 연중무휴
관람료 : 어린이 300원, 청소년·군인 500원,
어른 1,000원

흙으로 빚은 얼굴 5.1cm 강원도 양양 오산리

충북대학교박물관

충북대학교박물관은 우리나라의 구석기 유적지를 많이 발굴하였습니다. 충청북도 청원 두루봉, 단양 구낭굴 등 동굴 유적지와 단양 수양개, 청원 소로리 등 강가나 평지 유적지를 발굴하였습니다. 그래서 충북대학교박물관에는 구석기시대 유물들이 많이 전시되어 있습니다.
구석기 문화 전시실에는 1983년 청원 두루봉 유적에서 발굴된 홍수아이와 동굴곰, 쌍코뿔이 등 구석기시대에 살았던 사람과 동물들이 복원되어 있습니다. 홍수아이라는 이름은 발견자인 김홍수 씨의 이름에서 따온 것입니다.
충북대학교박물관에는 동굴에서 발굴된 구석기시대의 동물 뼈와 석기들이 체계적으로 전시되어 있습니다.

충청북도 청주시 흥덕구 성봉로 410(개신동)
홈페이지 : http://museum.chungbuk.ac.kr
관람 시간 : 09:30~17:30(토요일은 예약자에 한해 관람 가능, 043-261-2901~2)
휴관일 : 일요일, 공휴일 및 학교에서 정하는 휴관일
관람료 : 없음

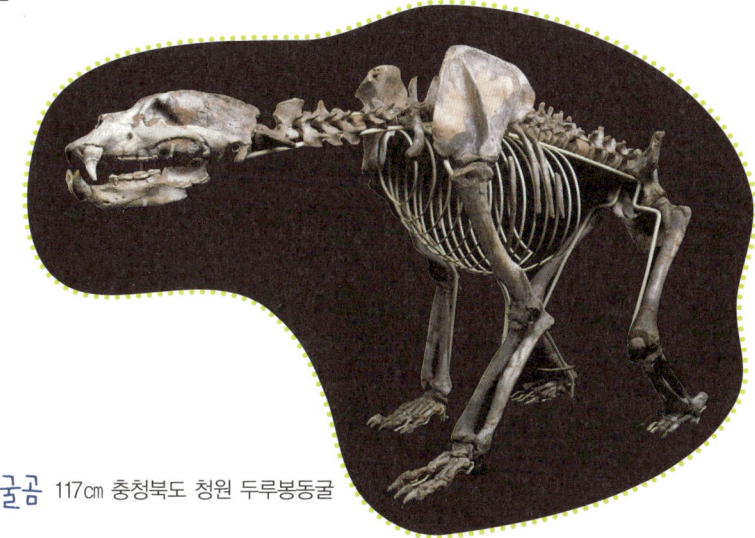

복원된 동굴곰 117㎝ 충청북도 청원 두루봉동굴

생각으로 떠나는 역사 여행

구석기시대와 신석기시대에 아직도 궁금한 것이 많이 있습니다. 여러분들의 상상력과 추리력을 발휘해서 풀어 보도록 하세요.

어떤 시대의 유물일까?

여러분이 앉아 있는 바로 그 자리는 수십만 년 전부터 사람들이 살아 왔던 곳입니다. 시간이 지나면서 오래된 유물 위로 흙이 쌓이고 사

람들은 그 위에 다시 새로운 터전을 마련하였지요. 또 오랜 시간이 지나면 그 유물들도 흙 속에 묻히고 말 거예요.

아래에 있는 그림은 여러 시대의 유물들이 차곡차곡 쌓여 있는 모습입니다. 유물들을 보고 어느 시대에 해당하는지 맞춰 보세요.

4,000년 전   ?   시대

10,000년 전   ?   시대

70만 년 전   ?   시대

정답은 68페이지에 있습니다.

주먹도끼 그리기

구석기시대에는 주로 뗀석기를 사용하였습니다. 인류의 진화와 두뇌의 발달 과정은 뗀석기의 제작 기술과 밀접한 관련이 있습니다. 대표적 뗀석기인 주먹도끼는 완전한 직립 보행과 두뇌의 발달이 많이 진행된 호모에렉투스가 만든 석기입니다. 뗀석기가 우리의 주변에서 볼 수 있는 돌들과 차이가 있는 것은 인간이 일부러 떼어 낸 자국이 있기 때문입니다.

박물관에 전시되어 있는 주먹도끼를 자세히 살펴보고 아래 그림을 완성해 보세요.

주먹도끼 16.1cm 전곡리

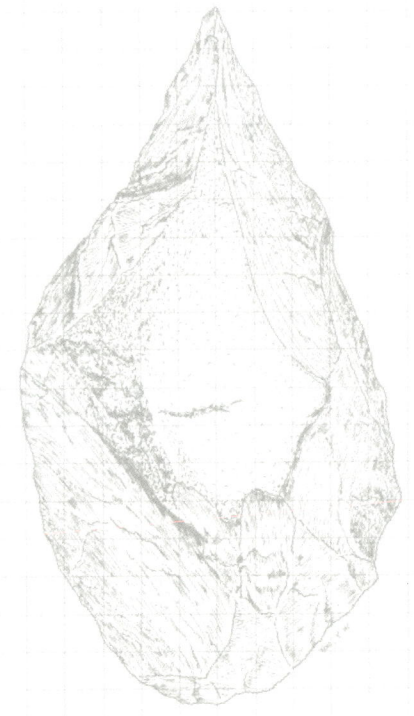

정답은 70페이지에 있습니다.

흑요석을 알아봅시다

　흑요석은 화산 지역에서 나오는 돌입니다. 액체 상태의 용암이 분출하여 공기와 접촉하여 냉각되면서 만들어집니다. 흑요석이 구석기시대와 신석기시대에 중요한 석기의 재료였던 이유는 다양한 석기를 만들 수 있었고 조각이 매우 날카로웠기 때문입니다.

　흑요석이 나오지 않는 지역에서 흑요석으로 만든 석기가 발견된 것으로 보아 흑요석을 구하기 위해 먼 거리를 다녔거나 교류가 있었을 것으로 추측하고 있습니다.

　다음 지도에서 흑요석이 나오는 지역을 세모로 표시하고, 흑요석으로 만든 석기가 발견된 곳을 동그라미로 표시하세요.

정답은 71페이지에 있습니다.

휴지통을 뒤지는 탐정

　조개무지는 신석기시대 사람들이 먹다 버린 조개껍데기가 많이 쌓여 있는 곳을 말합니다. 조개무지에는 동물 뼈, 생선 뼈, 신석기시대에 사용하였던 토기, 석기 뿐 아니라 탄화된 도토리나 곡식까지 발견되었습니다. 그래서 조개무지를 신석기시대 사람들의 쓰레기장이라고도 합니다.

　다음은 아무개 방에 있는 휴지통 그림입니다. 휴지통에 어떤 물건이 어떤 상태로 있는지를 살펴보고 표의 빈칸을 채우세요. 그리고 아무개의 생활이 어떤지를 상상하여 봅시다.

81페이지 글을 참고하세요.

쓰레기통에서 나온 것들

번호	이름	개수	상태
1	수학 시험지	1	도형 20문제, 45점
2	신발	1	비교적 새것
3	양말	1	비교적 새것
4	과자 봉지	2	밀크초코릿, 초코칩
5	음료수 캔	1	탄산음료
6	휴지	5	콧물이 묻어 있음
7	옷 봉투	1	아주 유명한 상표의 옷 봉투
8	편지	1	친구에게 보낸 편지

생각으로 떠나는 역사 여행 정답

고고학자들은 우리 발 아래 묻혀 있는 유적이라는 타임캡슐을 열어 그림 퍼즐을 완성시키듯 옛날 사람들의 생활을 알아봅니다. 타임캡슐

● 62~63페이지 정답

을 열어 여러 가지 단서를 모으는 과정을 발굴 조사라고 합니다.

아래 그림에서 땅속에 있는 유물들이 시대별로 층층이 있는 것을 볼 수 있습니다. 발굴하면 시대적인 특징과 옛날 사람들의 생활을 알 수 있습니다.

● 64페이지 정답

　발굴된 유물은 모양이나 크기, 두께 등을 정확히 기록합니다. 이를 실측이라고 합니다. 실측은 유물을 모눈종이에 정확하게 그리는 과정입니다. 여러 가지 도구를 사용하여 사람의 손으로 직접 실측을 하기도 하지만 최근에는 3D 스캐너를 이용하여 실측을 하기도 합니다.

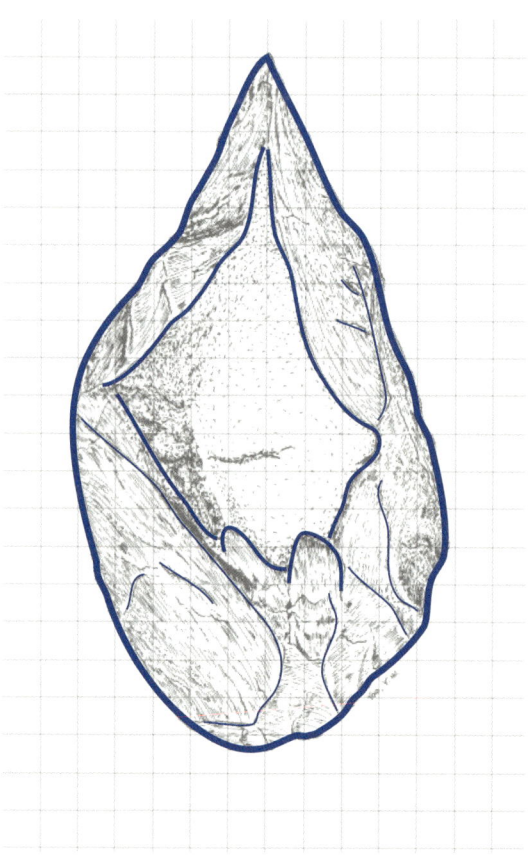

● 66페이지 정답

　흑요석은 화산 지역에서 나오는 돌이지만 우리나라에서는 흑요석이 나오지 않는 지역에서 흑요석기가 발견되고 있습니다. 흑요석은 원산지에 따라 구성 성분이 다르기 때문에 원산지를 추정하여 교류의 양상을 파악할 수 있습니다. 우리나라 남부 지역에서 출토되는 흑요석 석기는 대부분 일본의 구주 지역에서 건너온 것으로 보고 있습니다.
　흑요석 외에도 우리나라 남부 지역에서는 일본 구주 지역의 토기가 발견되고 있습니다. 또한 일본 구주 지역에서는 우리나라의 빗살무늬 토기나 장신구들이 발견되었습니다. 이러한 유물의 발견을 통하여 선사시대에 활발한 교류가 있었던 것을 추측할 수 있습니다.

▲ 흑요석 원산지
● 흑요석기 출토지

나도 역사학자

구석기시대와 신석기시대를 상상해 보세요.
구석기시대와 신석기시대에서 하루를 생활하였다고 상상하고
일기를 써 보세요. 집에서 상상해 보는 박물관과
직접 가 본 박물관은 어떻게 다를까요?
쓰레기통을 조개무지라고 생각한 친구는 어떤 글을 썼을까요?

석기 마을에서 보낸 하루

이름:

구석기시대의 어느 하루

김준범

오늘은 아빠랑 같이 사냥하러 처음으로 동굴 밖으로 나갔다. 숲 속에 함정을 파고 기다렸더니 보지도 못한 큰 매머드가 함정에 빠졌다. 나는 슴베찌르개를 던져서 매머드를 쓰러뜨렸다. 집에 와서 그 고기를 먹었더니 둘이 먹다 하나가 죽어도 모를 정도로 맛있었다. 좀 쉬다가 다시 동굴 밖에 나갔다. 이번에는 어떤 나무에 달려 있는 열매를 발견했다. 그것을 하나 먹고 많이 따서 집에 가져다 놓고 친구들과 강가에서 물놀이를 하면서 놀았다. 너무 많이 논 것 같다. 그런데 해가 저물어서 동굴로 왔다. 아까 먹었던 매머드 고기를 먹고, 따온 열매를 가족과 함께 나누어 먹었다. 그러고 나서 주먹도끼를 다듬었다. 뒹굴뒹굴 놀다가 동생과 함께 잠이 들었다. 오늘은 참 보람 있는 하루였던 것 같다.

다시 친구를 만났다
―구석기시대의 일기

김가인

오늘 나는 설탕하고 놀았다. 놀고 있었는데 갑자기 박수 소리가 들렸다. 그때 박수 소리는 누군가가 온다는 소리여서 그 무리 속에 껴서 보았다. 나는 놀랐다. 이사 온 아이의 이름은 '새침데기'였다. 내가 이곳으로 오기 전 친구, 제일 많이 같이 놀던 친구였던 것이다. 나는 기분이 좋았지만 '새침데기'가 나를 까먹었을까 봐 그냥 설탕이랑 놀았다. 나는 설탕이랑 놀 때마다 주먹도끼로 사냥을 했지만 그때는 나의 친구 깜둥이랑 사냥을 했다. 우리 언니 시깜둥이도 같이 했다. 너무 재미있었다. 근데 나는 옛날에 살던 데는 슴베찌르개가 유명하여 나는 슴베찌르개와 주먹도끼로 사냥을 했다. 너무 재미있었다. 물고기를 잡고 있을 때 박수 소리가 들렸는데 그래서 기분이 좋은데 더 기뻐서 나도 기뻤다. 내 얼굴의 한 부분이 쭉 늘어났다. 그런데 새침데기가 오더니 같이 놀자고 했다. 나한테는 그때처럼 친하게 대했다. 나를 알아본 것이다. 그리고 내 옆에 있는 아이가 누구냐고 물어봐서 나는 설탕이라고 했다. 내가 새침데기하고만 놀았더니 설탕이가 사이에 꼈다. 난 너무 웃겼다. 그렇게 하는 것은 나를 질투하는 것이기 때문이다. 그다음 설탕이는 주먹도끼를 만들고 새침데기는 슴베찌르개를, 나는 둘 다 만들고 있었다. 오늘은 힘들지만 기분이 좋고 기쁜 하루였다.

신석기시대는 너무 피곤해

김영지

움집을 만들어서 거기에 내가 만든 토기, 아빠의 사냥 도구들을 넣었다. 그리고 촌장님께 아빠와 엄마는 농사 짓는 방법을 배웠다. 그리고 땅을 받았는데 마침 씨를 뿌리는 시기에 맞아서 엄마가 나에게 씨 뿌리는 일을 도와주면 아따따, 꿀라타와 놀게 해 준다는 말에 엄마와 아빠의 농사일을 거들어 주었다. 얼마나 힘들던지…….

다 뿌리고 나서 아따따, 꿀라타한테 가니까 아따따는 다른 마을에 놀러 갔다고 했다. 그래서 그냥 아빠와 갈판과 갈돌, 자귀, 이음낚싯바늘 만드는 것을 도왔다. 나는 이음낚싯바늘을 아따따에게 하나 선물하려고 두 개나 만들었다. 너무 피곤한 하루였다.

새로운 움집으로 이사를 갔다

서정우

오늘 움집으로 새로 이사했다. 동굴보다는 넓고 따뜻했다. 형이 사냥을 갔는데 사슴을 잡아왔다. 근데 음식을 보관할 곳이 없었다. 그래서 우라솔트 형이 그릇을 만들자고 했다. 그래서 우리 가족은 토기를 만들기 시작했다. 처음에는 그냥 만들었는데 너무 멋이 없어서 손톱으로 자국을 냈더니 훨씬 멋있었다. 그렇게 3시간 동안 앉아서 토기를 만들었다. 다 만들고 나니 30개가 넘었다. 우린 15개를 팔고 15개는 쓰기로 했다. 그날 오후 우리는 씨를 뿌렸다. 엄마는 여섯 달은 기다려야 된다고 하셨다. 나는 토기에 있는 고기를 몰래 한 두점 먹고 잤다.

책으로 본 신석기시대와 박물관의 신석기시대

김현서

　신석기시대 유적을 보기 위해서 암사동선사주거지와 박물관을 돌아다녔다. 오기 전에 공부한 것과 비슷한 점들도 많았지만, 다른 점도 많았다. 움집은 내가 알고 있던 대로 지푸라기로 만들었고 집 한가운데에는 화덕이 있었다. 토기랑 도토리가 발견된 걸 봐서 생활 방식도 내가 알던 것과 비슷했고, 토기의 모양과 무늬마저 같았다. 그런데 조금 달랐던 점은 움집의 문이 너무 발달해 있었다는 것과 신석기시대 사람들의 옷과 장신구가 너무 다양하다는 점이었다. 땅을 파 저장고를 만들었다는 것도 새로웠다.

휴지통을 뒤지는 탐정

임유진

이 주인은 공부를 못하는 것 같다. 비교적 새것인 신발과 양말로 보아 낭비가 심한 것 같다. 또 주인의 엄마와 아빠가 부자인 것 같다. 그래서 밀크초코릿, 초코칩, 탄산음료 등을 많이 먹은 것 같다. 유명 상품의 옷 봉투가 있는 것을 보면 비싼 유명 상품을 좋아하는 것 같다. 그렇다면 허영심도 있을 것 같다. 편지를 보면 연애편지일 가능성이 높다. 콧물이 묻어 있는 휴지를 보면 엄마와 아빠의 말씀을 안 듣고 얇게 입고 다니다가 감기에 걸린 것 같다.

쓰레기통에서 나온 것들

번호	이름	개수	상태
1	수학 시험지	1	도형 20문제, 45점
2	신발	1	비교적 새것
3	양말	1	비교적 새것
4	과자 봉지	2	밀크초코릿, 초코칩
5	음료수 캔	1	탄산음료
6	휴지	5	콧물이 묻어 있음
7	옷 봉투	1	아주 유명한 상표의 옷 봉투
8	편지	1	친구에게 보낸 편지

시간:　　　년　월　일　~　　　년　월　일

장소:

함께했던 사람들:

사진 붙이는 곳

티켓 붙이는 곳

답사할 때 가장 재미있었던 것:

답사할 때 가장 궁금했던 것:

함께 보면 좋은 책, 사이트

추천 사이트

국립중앙박물관 http://www.museum.go.kr
국립광주박물관 http://gwangju.museum.go.kr
국립대구박물관 http://daegu.museum.go.kr
국립제주박물관 http://jeju.museum.go.kr
국립경주박물관 http://gyeongju.museum.go.kr
국립공주박물관 http://gongju.museum.go.kr
국립김해박물관 http://gimhae.museum.go.kr
국립부여박물관 http://buyeo.museum.go.kr
국립춘천박물관 http://chuncheon.museum.go.kr
국립청주박물관 http://cheongju.museum.go.kr
국립전주박물관 http://jeonju.museum.go.kr
국립진주박물관 http://jinju.museum.go.kr
국립나주박물관 http://naju.museum.go.kr
국립미륵사지유물전시관 http://iksan.museum.go.kr
문화재청 http://www.cha.go.kr/
국립문화재연구소 http://www.nrich.go.kr
경기도박물관 http://musenet.ggcf.kr
부산박물관 http://museum.busan.go.kr
인천시립박물관 http://museum.incheon.go.kr
전곡선사박물관 http://jgpm.ggcf.kr
오산리선사유적박물관 http://www.osm.go.kr
암사동 선사주거지 http://sunsa.gangdong.go.kr
석장리박물관 http://www.sjnmuseum.go.kr
동삼동패총전시관 http://dongsamsm.busan.go.kr
서울대학교박물관 http://museum.snu.ac.kr
충북대학교박물관 http://museum.chungbuk.ac.kr
한국고고학회 http://www.kras.or.kr
한국구석기학회 http://www.kolithic.or.kr
한국신석기학회 http://www.neolith.or.kr

추천도서

천 번의 붓질 한 번의 입맞춤 | 이건무, 배기동 외 | 진인진
아 그렇구나 우리 역사·원시시대 | 송호정 | 여유당
한국생활사박물관·선사생활관 | 한국생활사박물관편찬위원회 | 사계절
즐거운 역사 체험 어린이박물관 | 국립중앙박물관 | 국립중앙박물관
우리 역사 이야기 1 | 장콩 선생 | 살림
한국사 편지 1 | 박은봉 | 책과함께어린이
키워드 한국사 1 | 김성환 | 사계절
곰 씨족 소년 사슴뿔이, 사냥꾼이 되다 | 조호상, 송호정 | 사계절

참고도서

국립중앙박물관 개관 도록 | 국립중앙박물관
한국미의 태동 구석기, 신석기 | 국립중앙박물관
한국 고고학 강의 | 사회평론
석장리박물관 개관 도록 | 석장리박물관
북부조선지역의 구석기시대유적 | 진인진
동삼동 패총 문화 | 동삼동패총전시관
중원지역의 구석기 유적 | 충북대학교박물관
압록강류역일대의 신석기시대유적 | 진인진
암사동 선사주거지 | 강동구
동삼동 패총 문화 | 동삼동패총전시관
또 하나의 도구 골각기 | 복천박물관
중원지역의 구석기 유적 | 충북대학교박물관

사진목록

23 __ 충청남도 공주 석장리 | 석장리박물관
23 __ 충청북도 단양 구낭굴, 충청북도 청원 두루봉 | 충북대학교박물관
24 __ 주먹도끼 | 국립중앙박물관 | 중박 201108-4497
25 __ 슴베찌르개 | 충북대학교박물관
26 __ 규암, 혼펠스, 흑요석 원석과 조각 | 국립중앙박물관 | 중박 201108-4497
27 __ 새기개, 긁개 | 국립중앙박물관 | 중박 201108-4497
30 __ 빗살무늬토기 | 국립중앙박물관 | 중박 201108-4497
31 __ 낫, 도끼 | 국립중앙박물관 | 중박 201108-4497
32 __ 창 | 국립중앙박물관 | 중박 201108-4497
34 __ 화살촉 | 국립김해박물관
35 __ 돌그물추, 이음낚싯바늘 | 국립중앙박물관 | 중박 201108-4497
36 __ 도토리 | 국립중앙박물관 | 중박 201108-4497
37 __ 갈판과 갈돌, 따비 | 국립중앙박물관 | 중박 201108-4497
41 __ 빗살무늬토기, 번개무늬토기, 누른무늬토기, 덧무늬토기 | 국립중앙박물관 | 중박 201108-4497
42 __ 조개팔찌 | 국립중앙박물관 | 중박 201108-4497
43 __ 발찌, 흙으로 빚은 토기, 흙으로 빚은 멧돼지 | 국립중앙박물관 | 중박 201108-4497
50 __ | 전곡리선사박물관
56 __ | 석장리박물관
57 __ 얼굴 모양 조가비 | 국립중앙박물관 | 중박 201108-4497
58 __ 흙으로 빚은 얼굴 | 국립중앙박물관 | 중박 201108-4497
59 __ 복원된 동굴곰 | 충북대학교박물관
64 __ 주먹도끼 | 서울대학교박물관